LE CRIME

PAR

EUGÈNE PELLETAN

Vivat Polonia!

PARIS

PAGNERRE, LIBRAIRE-ÉDITEUR

RUE DE SEINE, 18

1863

LE CRIME

I

Il y a environ un siècle, trois souverains, dont deux femmes, commirent en plein jour un vol, à main armée, qu'ils appelèrent le partage de la Pologne.

Le premier voleur était Frédéric, dit le Grand, homme d'esprit, joueur de flûte distingué et poëte badin en langue française, à cela près qu'il mettait l'orthographe à l'allemande.

Mais il savait mieux faire la guerre qu'aucun homme du voisinage. Il avait sinon inventé du moins perfectionné la tactique prussienne, qui consiste à former des héros à coups de bâton. Il profita de sa supériorité dans l'art de tuer, pour dévaliser l'Autriche.

Toutefois Frédéric faisait profession de philanthropie. Il offrit à Voltaire une place de chambellan à sa cour, avec une clef brodée dans le dos de l'habit. Il affecta un traitement sortable à cette place philosophique; il y ajouta même une gratification, en nature, de bougie et de café.

A quelque temps de là, il faisait brûler en place publique, par la main du bourreau, la facétie du *docteur*

Akakia; Voltaire reconnut l'inconvénient de coucher sous le toit d'un roi philosophe qui l'appelait son ami. Il déménagea en douceur de Potsdam, sous prétexte de santé, et il alla régner pour son compte à Ferney. Il y a bien mérité de l'humanité.

Frédéric continua de philosopher dans sa petite salle à manger. La causerie ressemblait à une conspiration. Pas de témoin, nul domestique; le repas tombait du plafond, à l'aide d'un mouvement de tournebroche. Frédéric mangeait avec gloutonnerie. Entre la poire et le fromage, il déboutonnait la majesté royale et turlupinait l'Évangile. Mais en revanche il recueillait pieusement l'institut de Loyola. « J'en garde la graine, disait-il, pour la revendre au voisin. »

C'était un roi cynique. Il avait épousé pour la forme une princesse d'Allemagne; cette ombre de reine reléguée au fond d'un palais de Berlin errait, jour et nuit, dans la solitude du veuvage. Frédéric n'aimait en réalité que ses tambours ou ses levrettes.

Sous la simplicité débraillée de Julien l'Apostat, il cachait la vanité nobiliaire du marquis de Brandebourg. Il n'accordait de grade dans l'armée qu'à la gentilhommerie parcheminée et donnait le pas à un simple lieutenant sur un ministre d'État. Il ensevelit le baron de Trenck à trente pieds sous terre, avec une chaîne au cou, pour le punir de s'être laissé aimer par une princesse du sang royal.

Il tenait la Prusse au pain sec et à l'eau; ni commerce ni industrie : la bourgeoisie excommuniée du sol par ordonnance et la classe agricole attachée à la glèbe comme au moyen âge. Il avait mis en régie toute la

vente au détail. Il n'y avait en Prusse qu'un épicier ;
c'était le grand Frédéric. Quand il avait besoin d'argent, il fabriquait de la fausse monnaie.

L'Europe l'appela un grand homme, parce qu'il avait
beaucoup tiré le canon et fait beaucoup de fumée.
Mais lorsque Napoléon eut écrasé l'armée prussienne à
Iéna, il n'y eut plus de Prusse. Napoléon lui-même a
cru devoir en donner la raison : « Le militaire prus-
sien, disait-il, maltraitait le peuple et le peuple s'est ré-
joui de la défaite du militaire. »

II

Après Frédéric vient Catherine que le prince de Ligne
appelait Catherine le Grand, et que Voltaire appelait
catau.

« La nature, disait-elle, m'avait donné un esprit mâle
plutôt que femelle. » La Providence en effet dut hésiter,
pour la créer, entre l'homme ou la femme, et la laissa
tomber de sa main, au milieu de l'opération. De cette
distraction sortit une espèce d'hermaphrodite au mo-
ral, qui avait toute l'énergie d'un pandour et toute la
complaisance d'une vivandière.

Cette princesse au double menton portait culotte,
montait à cheval, chassait au sanglier, aimait enfin,
comme on soupe ailleurs. Il n'y avait pas de sous-lieu-
tenant dans l'armée qu'elle ne menaçât de son amour.
Elle lui faisait un signe, l'emmenait à sa suite, le payait

et le renvoyait. Quand un favori manquait au devoir, elle le fouettait, de sa propre main, avec un bouquet d'orties. Il eût fallu un bataillon pour amant à cette impératrice en chaleur.

Élisabeth l'avait accouplée à un mari platonique qui passait la nuit à boire avec ses palefreniers, et le reste du temps à livrer des batailles avec des soldats de plomb, ou bien à juger militairement des rats surpris en délit de maraude. Comme il négligeait de perpétuer la dynastie de Romanoff, le grand chancelier lui donna un suppléant auprès de Catherine. C'est elle-même qui a bien voulu mettre la postérité dans le secret de cette débauche d'État.

A la mort d'Élisabeth, Catherine croit devoir débarrasser son mari de la couronne ; elle confie la conduite du complot à son amant de la minute, à Grégoire Orloff ; elle marche en personne à la tête de la garde impériale contre Pierre III, le fait prisonnier à sa maison de campagne et l'oblige à signer « volontairement » sa déchéance. Après quoi elle le pousse du pied et le jette en prison.

Le pauvre monarque défroqué lui demande trois grâces pour égayer sa captivité : premièrement son violon, secondement son nègre, troisièmement sa maîtresse. Catherine lui accorda couramment le nègre et le violon ; mais elle avait trop de pudeur pour tolérer le troisième article.

Quelque temps après, Alexis Orloff, dit le Balafré, visite charitablement le tsar périmé dans sa prison ; il lui offre de bonne amitié un verre d'eau-de-vie. Le prisonnier sent sa poitrine brûler à la première gorgée.

Alexis Orloff lui verse une seconde rasade. Le tsar refuse de la vider ; le Balafré le renverse sur le carreau, lui met le genou sur la gorge et l'étrangle avec une serviette. Il porte le meurtre tout chaud au souper de Catherine ; l'impératrice achève gaiement son repas ; le lendemain matin, elle pleura en abondance. Une heure après, elle écrivait à Poniatowski : « On a fait l'autopsie du tsar, il avait le cœur petit. » Elle injuriait sa victime jusque dans le cercueil.

Pierre le Grand avait laissé un rejeton du nom d'Ivan. Élisabeth l'avait dissimulé au fond d'un cachot. Catherine craignit que la prison ne rendît sa proie au soleil ; elle donna l'ordre d'égorger Ivan dans sa cellule. Après quoi elle prit un air philosophique ; elle entra en correspondance avec Diderot ; elle voulait, disait-elle, éclairer la Russie. Elle ordonna publiquement d'ouvrir partout des écoles ; un gouverneur naïf prit l'ukase au pied de la lettre, mais l'autocratrice lui écrivit en confidence : « L'ordre d'ouvrir des écoles dans « mon empire n'est pas pour nous, mais pour l'Eu- « rope, car du moment où le peuple russe saura lire, « je ne resterai pas impératrice et vous gouverneur. »

Cependant l'aigle repue de Pétersbourg ouvrait de temps à autre la paupière et promenait son long regard d'oiseau de proie dans l'espace. Il y avait alors en Italie une pupille du prince Radziwil, appelée la princesse Taracanoff ; la princesse passait pour la dernière incarnation de la dynastie Romanoff. Catherine envoya Orloff le Balafré à la poursuite de la princesse. Le sinistre exécuteur alla trouver sa victime à Rome, joua devant elle l'homme en disgrâce, l'aima tendrement, l'épousa même à l'autel, et, au sortir de l'église, la conduisit sur un vaisseau russe en rade de Livourne ; le vaisseau leva l'ancre et fit voile pour Cronstadt.

Qu'est devenue la princesse? La Néva a gardé le secret.

III

Derrière Catherine marchait enfin Marie-Thérèse, une bonne âme au demeurant, confite en dévotion. Au moment du partage de la Pologne, elle ne songeait qu'à l'œuvre du salut. Elle venait de perdre son mari, elle lui avait élevé un tombeau. A côté de la statue du défunt, elle avait voulu mettre sa propre statue avec cette inscription : *Ci-gît Marie-Thérèse.* Il ne manquait plus que la date du décès.

Elle avait fait construire dans son palais un oratoire tendu de noir, semé de têtes de mort et de larmes d'argent ; elle y priait, elle y pleurait sans cesse, à la lueur d'un cierge, au pied d'un crucifix. Lorsqu'on lui proposa de partager la Pologne, elle dit en baissant la tête : « Ce serait une grande injustice ; » et tout en soupirant, tout en gémissant de tremper dans cette injustice, elle signa le traité de partage. Elle avait un confesseur qui prenait soin de soulager sa conscience. On trouva d'ailleurs à point nommé un parchemin vénérable, qui prouvait que la Galicie appartenait de toute éternité à l'Autriche.

Le prince de Kaunitz avait conduit dans cette circonstance la main de Marie-Thérèse. Cet homme d'État séculaire passait pour un diplomate de génie, parce qu'il avait bonne opinion de lui-même et qu'il portait la tête au plafond. Il tenait évidemment le sort du monde enfermé dans cette tête-là, car chaque matin, à son petit lever, il la donnait à peigner, à friser, solennellement, publiquement, toutes portes ouvertes, au milieu des duchesses et des archiduchesses. Sa toilette était une cérémonie religieuse ; le coiffeur était le prêtre, et il était l'idole. La majesté de l'idole tient surtout à son impénétrabilité, à sa taciturnité ; il gardait donc sur son fauteuil un masque impassible, et, quand il daignait parler, il parlait par monosyllabe. Chaque mot tombé de sa lèvre était un destin.

Après la liturgie de la frisure, il passait entre une double rangée de laquais armés de soufflets ; à chaque pas qu'il faisait, ils éjaculaient en cadence, au-dessus de sa tête, un nuage de poudre d'iris qui retombait en neige impalpable sur les boucles de sa perruque. Ce Géronte de la diplomatie disait un jour en secouant la dentelle de son jabot : « La nature met un siècle à produire un homme comme moi, et, le siècle suivant, elle garde le repos. » Or, il décida un jour, dans la sagesse de cette tête si bien pommadée et si bien parfumée, que la Pologne devait disparaître de la carte de l'Europe. Elle pouvait avoir sauvé l'Autriche au siége de Vienne ; mais la meilleure manière de payer un bienfait, n'était-ce pas de détrousser le bienfaiteur ? Marie-Thérèse parut goûter ce genre de raisonnement, car elle apposa sa signature au bas du paragraphe de

Catherine, de « cette femme, » comme elle disait avec
mépris.

I V

Il faut être juste cependant ; ce fut Frédéric qui eut
l'initiative du coup de main. Il avait profondément étudié dans sa jeunesse le système de Machiavel.

Or, Machiavel avait écrit qu'un crime heureux est
justifié du moment qu'il est heureux ; que faire le bien
pour le bien constitue une duperie ; que la fin patron-
nant le moyen, tout moyen porte en lui son excuse ;
que gouverner c'est mentir et par conséquent que la
foi jurée n'engage le pouvoir que dans la mesure de
son intérêt ; que tout le secret enfin de la sagesse
d'État est dans ce mot : oser, sauf à soutenir l'au-
dace par la violence.

A l'appui de sa théorie, Machiavel citait, avec complaisance, l'exemple de César Borgia. Ce César-là était
bien le coquin le plus parfait qui ait jamais régné sur
un coin de l'Italie. Sa vie est une collection complète
de scélératesse ; aucune abomination ne manque au
recueil. Il mérite la première place au Panthéon du
crime.

Qui n'a vu son portrait à la galerie Borghèse ? Quel
que soit le peintre, c'est un chef-d'œuvre ; c'est mieux
qu'un portrait, c'est un caractère. L'homme a je ne sais
quelle beauté satanique, l'œil sombre, le nez busqué.
Sa main fine, effilée comme une lame, respire toute la

grâce de l'assassinat. Il porte le costume d'un seigneur de la Renaissance, le pourpoint noir, fermé sur la poitrine, comme le deuil de toute conscience.

Cet homme c'est le crime dès sa naissance, avant sa naissance. C'est le fils d'un pape et d'une fille de joie; son père le fait archevêque au sortir de l'enfance, et bientôt après il le nomme cardinal. Mais comme on ne peut pas mettre la pourpre sur l'épaule d'un bâtard, on lui fabrique un père légitime, à l'aide d'un faux en écriture publique. Le nouveau cardinal trouva son génie humilié sous la soutane. Il avait un frère aîné, le prince de Gandie, souverain en expectative de je ne sais quelle principauté. Que fallait-il à César pour régner à son tour? Transférer sur sa tête le droit d'aînesse.

Or, un soir que le duc de Gandie et César Borgia avaient soupé chez leur mère, la Vanozzia, ils montèrent à cheval pour rentrer de compagnie au Vatican. Mais César Borgia revint seul au palais. Un batelier de garde dans son bateau, par un temps de clair de lune, avait vu descendre au bord du Tibre un cavalier, avec un cadavre en portemanteau. Il tourna la croupe de son cheval du côté du fleuve; deux bravi de son escorte prirent le corps, l'un par les pieds, l'autre par les bras, et, après l'avoir balancé à deux reprises, ils le lancèrent au milieu du courant; et le Tibre continua de couler.

Le pape pleura en secret la mort de son fils aîné, il n'eut pas besoin de chercher le nom du coupable; il le connaissait d'avance. Le lendemain, César Borgia, délivré de la soutane, portait le titre de duc de Valen-

tinois et de gonfalonier de l'Église. Sa sœur Lucrèce
venait d'épouser un bâtard du roi. de Naples, nommé
Alphonse. Ce troisième mari d'une beauté périlleuse
hésitait à prendre possession de son bonheur. Il vient
à Rome cependant; et un jour, en plein soleil, il tombe
poignardé sur le seuil du Vatican. Il survit à sa bles-
sure. Borgia sourit de pitié; ce qu'on n'a pas fait le
matin, on le fera le soir, et le soir, en effet, il étrangle
Alphonse dans son lit.

V

César voulait conquérir un royaume pour fonder une
dynastie. Il racole les trois premiers condottieri du
temps, et, à la tête de leurs troupes, il attaque Came-
rino, Faenza, etc. Chaque fois qu'il prenait une ville
d'assaut ou par capitulation, il en égorgeait régulière-
ment le seigneur. Seulement il oubliait de partager
avec ses lieutenants.

Les trois routiers font défection à la fois et laissent
le conquérant de la Romagne morfondu au milieu de sa
conquête. Il négocie avec eux; il leur promet une part
de butin : on jure de part et d'autre l'oubli du passé. ·
César leur donne ensuite rendez-vous à Sinigaglia, il
les reçoit lui-même à la porte de la ville, il les em-
brasse, il les caresse... A peine ont-ils mis le pied dans
son palais qu'il donne l'ordre de les garrotter, et la nuit
suivante le bourreau leur passait le nœud coulant.

César a tué; il règne; il a monté, de cadavre en cadavre, l'escalier de sa grandeur. Mais le pape Borgia
couvait de l'œil un cardinal opulent; il l'invite amicale-
ment à souper tête à tête; il tenait un vin délicat en
réserve pour la circonstance; mais au dessert il se
trompe de bouteille et il s'empoisonne avec son propre
poison. Que faisait alors César Borgia? Il avait la mala-
dresse de tomber malade. Où est donc son génie? Je
le méprise. Il ne sait pas son métier.

Il faut nommer un autre pape. César, en sa qualité
de gonfalonier de l'Église, a la garde du conclave, il
peut peser sur l'élection de tout le poids de la force
armée et il intrigue pour élire... qui donc? le seul
pape dangereux pour lui, le bilieux Julien de la Ro-
vere. Il ignorait sans doute ce mot de Marc-Aurèle :
« On ne tue jamais son successeur. » Jules II donne
l'ordre d'incarcérer César Borgia dans la citadelle
d'Ostie. Quelque temps après, Machiavel écrivait à la
Seigneurie de Florence : « On dit que le duc a été
jeté dans le Tibre; je crois bien que si cela ne s'est
pas fait encore cela se fera. »

Machiavel flattait le pape ou le calomniait à volonté.
Jules II eut l'indulgence de remettre César Borgia à Gon-
zalve de Cordoue, qui l'expédia au roi d'Espagne. Plus
tard une balle anonyme en débarrassa l'humanité. Ainsi
finit le crime heureux.

Au jour du succès, César avait dit dans son coupe-
gorge de Sinigaglia : « Il n'y a que les morts qui ne
reviennent pas; » et en effet le fossoyeur avait creusé un
trou en terre et y avait enfoui les meurtres de Borgia.
L'herbe seule frissonnait, au vent du soir, sur un tertre

oublié; tout semblait fini; mais voici qu'un jour tous les spectres sortent de la tombe, ils escortent leur meurtrier pas à pas et ils le nomment, à chaque carrefour, du nom de Sinigaglia; pas de pitié pour celui qui n'a pas eu de pitié! Il disparaît emporté par les fantômes de ses crimes, et son nom n'est plus aujourd'hui qu'un cri d'horreur.

VI

Pourquoi évoquer le souvenir de Borgia et le système de Machiavel? Tout cela désormais appartient au passé. Tout cela au contraire appartient au présent. « Vous souvient-il, disait Louis XJV au duc de Vendôme, en lui montrant le château de Versailles, qu'il y avait là un moulin? — Oui, sire, répondit le duc, mais si le moulin n'y est plus, le vent y est encore. » On en pourrait dire autant de Machiavel; son vent souffle toujours.

Le grand Frédéric a daigné à la vérité réfuter le livre du *Prince*, mais il suivait l'inspiration que Machiavel lui aurait donnée le premier; car, au fond du cœur, il songeait à imiter le *Prince* et il le combattait pour dissimuler le plagiat. Il ajoutait ainsi le seul chapitre qui manquât à l'ouvrage. « Il crache au plat pour en dégoûter les autres, » disait Voltaire.

Frédéric ne signa pas la réfutation de Machiavel; il comptait trop sur l'indiscrétion de l'éditeur. Le volume de Frédéric fit rapidement fortune; l'Europe applaudit l'écrivain royal, on le proclama un philosophe cou-

ronné, et lui-même répétait à l'occasion : La philosophie et moi, nous régnerons désormais de moitié.

Après avoir acquis la renommée de prince ami de la
justice, Frédéric fit main basse sur la Silésie. Il écrivait comme Marc-Aurèle, et il agissait comme Borgia.

Il convoita en vieillissant le démembrement de la Pologne. Le duché de Posen arrondissait agréablement son
royaume. Il ordonna de temps à autre des descentes en
Pologne; ses troupes fourrageaient la population valide
pour l'incorporer de force dans l'armée prussienne, et
levaient sur chaque ville et sur chaque village une taxe
en nature de filles à marier. Frédéric exigeait même
des parents une dot fixée au minimum d'une vache,
d'un lit, de deux cochons et de trois ducats. Il envoyait
les Polonaises arrachées à leurs foyers dans ses colonies
militaires du Brandebourg, et il les mariait d'auto.-
rité aux vétérans retirés du service. Il faisait effrontément la traite des blanches au soleil du xviiie siècle.
Il espérait ainsi contraindre la Pologne à lui dire un
jour : « Prends-moi sous ta protection. »

Et comme la Pologne hésitait, il la mit en licitation.
La Prusse choisit la Prusse polonaise et une partie de la
grande Pologne; l'Autriche adopta toute la rive gauche
de la Vistule et une partie de la Volhynie; enfin la Russie
recula sa frontière depuis la source de la Wilia jusqu'au
Niémen, et depuis la source de la Bérésina jusqu'au
Dniéper. On mettait un peuple au pillage, on le parta-
geait comme un troupeau. Que faisait le roi de France
pendant ce temps-là? Il faisait le café de la Du Barry.

La Pologne entra en insurrection. Catherine lcâha sur
elle une espèce de chacal, appelé Dreuwitz. Cette bête

fauve faisait couper le poing des prisonniers. Ils allaient
ensuite promener la terreur. Parfois il les faisait écor-
cher tout vivants, de façon que leur peau représentât
sur eux le costume polonais. C'était trop ; la Pologne,
saignée à blanc, laissa retomber sa tête, on crut à la fin
de l'agonie, on jeta le linceul sur elle, et l'Europe dis-
cuta gravement la musique de Gluck et la musique de
Piccini.

VII

La Pologne cependant vivait encore. Kosciusko
souffle sur elle ; elle se lève et se rue sur la Russie.
Mais Catherine envoie contre elle Souwarow. C'était
un fou furieux qui pouvait encore au besoin gagner
une victoire. Il dînait, à l'heure du déjeuner, avec
une botte de raiforts et une bouteille d'eau-de-vie. Il
portait d'habitude une calotte de cuir sur la tête, une
veste blanche à la keyserlick. Parfois il ôtait sa che-
mise à la tête du camp, et tuait gravement sa vermine au milieu de son état-major.

Homme pieux d'ailleurs, et humble devant Dieu, il
faisait le signe de croix avant d'engager une action. Il
disait ensuite à ses soldats, d'un air patelin : « Souvenez-
vous que les vivres sont chers cette année ; » ce qui,
traduit à la baïonnette, signifiait : « Ne faites pas de
quartier. »

Souwarow marche contre Varsovie, il donne l'assaut

au faubourg de Praga. On combat de part et d'autre
avec acharnement. Un nuage de poudre couvre le champ
de bataille; puis le bruit de l'artillerie tombe, l'armée
russe avait forcé le faubourg. Que se passa-t-il ensuite?

Quand le vent du matin eut balayé la fumée, il y
avait là, hommes ou femmes, vingt mille cadavres.
Souwarow passa la langue sur sa lèvre et alla chanter
un *Te Deum* à la cathédrale de Varsovie.

Catherine le nomma feld-maréchal et lui envoya une
couronne de lauriers entrelacés de pierreries. « Vous
« savez, lui écrivait-elle de sa gracieuse main, que je
« n'avance personne hors de son tour. Je serais inca-
« pable de faire tort à un plus ancien; mais c'est vous
« qui venez de vous nommer feld-maréchal, par la con-
« quête de Pologne. » Souwarow fit lui-même la cérémonie de sa réception. Il plaça un rang de chaises dans
son salon. — Je passe par dessus un tel, dit-il, en
nommant un maréchal, et il sauta une chaise; et par-
dessus un tel, et il sauta encore une chaise; et ainsi de
chaise en chaise, jusqu'à ce qu'il eût épuisé la liste des
maréchaux inscrits sur l'*Almanach* de Russie.

Après avoir fini ses cabrioles, ce paillasse sangui-
naire alla mettre son cordon de Saint-André devant
sa glace en faisant toutes les courbettes et toutes les
grimaces d'un mandrille. Voilà l'homme qui avait conquis la Pologne et que la Russie appelle un héros!

Lorsque Kosciusko tomba sur le champ de bataille,
et ramena sa capote sur sa figure, une voix inconnue
murmura : *Finis Poloniæ.*

La Pologne semblait terminée en effet. Quelque temps
après, Paul Ier succédait à Catherine; mais le crime

engendre le crime; le meurtre a sa contagion. On avait
tué un peuple, on tua Paul à son tour. Un des meur-
triers, Benningsen, disait plus tard à une dame de sa
connaissance : « La déposition était indispensable, mais
la mort est une cochonnerie. » Et pourtant, ajoute de
Maistre, il fut un des sept cochons qui entrèrent dans
la chambre à coucher de l'empereur. Lorsque Nicolas
Zuboff ouvrit les rideaux du lit et cria : « Il n'y est pas,
nous sommes perdus! » Benningsen regarda par-dessus
un paravent, et, apercevant l'empereur accroupi dans
la cheminée, répondit : « Le voilà! » Et tout fut dit, le
tsar avait cessé de régner.

VIII

Napoléon entre en scène; il tient l'Europe sous son
épée : il va sans doute ressusciter la Pologne et la pla-
cer comme la sentinelle avancée de la France sur la
Vistule. Il avait dit : « Si j'avais régné à la place de
Louis XV, je n'aurais pas permis le partage de la Pologne. » Pour interdire ce partage toutefois, Louis XV
aurait dû faire la guerre avec l'armée démoralisée de
Rosbach. Mais si Napoléon avait voulu rétablir la Pologne, qui l'en empêchait? L'Autriche avait été mise
hors de page à Ulm, la Prusse anéantie à Iéna, la Russie désarmée à Friedland. Un *fiat* de sa volonté eût
suffi; il n'avait qu'à dire : « Que la Pologne soit ! » et la
Pologne eût été. Il n'a pas dit ce mot; pourquoi? L'histoire le cherche encore.

Au lieu de ménager la Prusse pour l'opposer au besoin à la Russie, il la traita dans toute la brutalité du *Væ victis!* Lorsque la reine de Prusse lui présenta une rose à Tilsitt et lui dit : « En échange de Magdebourg ! » il tourna la tête d'un autre côté. Mais après avoir grandi la Russie, il croit devoir, pouvoir l'humilier impunément ; la reine de Prusse arrive aussitôt à Pétersbourg. « Il n'y a pas de mystère à ce voyage, dit Caulaincourt « en style de corps de garde, elle vient coucher avec « l'empereur. »

Elle sort donc, cette reine, comme une Vénus éplorée, du sein d'une mer d'affliction ; elle a tant souffert depuis le drame d'Iéna, qu'elle en garde encore la pâleur. De temps à autre elle passe la main sur son front, comme pour chasser une vision. La voilà, c'est bien elle ; regardez-la, elle entre dans le palais du tsar, elle marche avec la nonchalance terrible de la beauté qui connaît sa puissance. Elle porte à la ceinture la rose dédaignée de Tilsitt ; elle sourit vaguement ; mais cette rose crie vengeance, et ce sourire couve la tempête.

A chaque pas qu'elle fait et à chaque mouvement de sa robe, la terre tremble comme si elle avait perdu l'équilibre, et déjà là-bas, dans l'ombre, une armée file silencieusement, l'arme au bras, puis une autre armée en sens inverse. Le doux œil bleu d'une femme avait parlé ; un million d'hommes allait mourir. Cependant l'armée russe battait toujours en retraite, elle semblait faire la guerre à reculons. Alexandre voulait attirer l'armée française dans le guet-apens de Moscou et la griller ensuite dans son quartier d'hiver.

Il chargea de l'exécution de ce coup de désespoir la

fleur du type russe, le général Kutusoff. C'était un gros homme de soixante-dix ans, avec une balle dans la tête, un œil borgne et l'autre de travers. Lorsque Kutusoff alla prendre congé de sa femme, il lui dit : « Nous nous reverrons heureux, ou jamais. » Puis il baisa pieusement le parquet et recommanda son âme à Dieu en pleurant comme un enfant. Un mois après, il livre la bataille de Borodino : Napoléon entre à Moscou.

Moscou brûle; l'armée française quitte cet enfer de flamme pour entrer dans un enfer de neige; elle marche à la débandade et vit de chair de cheval; or, pendant que ce fantôme d'armée erre à l'aventure, par ce pâle clair de lune qui est le soleil en Russie; pendant qu'elle meurt de froid ou de faim, et qu'enfermée dans un cercle de fer par l'armée russe elle doit rouvrir par un nouveau combat son chemin refermé chaque jour, la reine de Prusse contemple, de la pensée, la grande hécatombe française; puis, écartant sa fourrure de sa poitrine, comme pour lui donner de l'air : « Enfin, je respire, dit-elle; me voilà vengée ! »

IX

La Russie nous rend à Paris la carte de visite que nous lui avions portée à Moscou. Napoléon, forcé dans son empire et abandonné de son entourage, abdique à Fontainebleau. L'empereur Alexandre reprend en sous-œuvre la tradition de Machiavel. Mais quand ce virtuose

de libéralisme voulut mettre l'Europe à l'encan et la liberté
en interdit, il appela au secours de cette œuvre téné-
breuse, non plus la philosophie, comme Frédéric, mais
la religion, toutes les religions à la fois : la religion
grecque, la religion catholique, la religion luthérienne,
fondues pour la circonstance en une communion uni-
verselle sortie de la fabrique d'une aventurière.

Il fit le signe de croix en tête du traité de Vienne et
invoqua solennellement le Verbe fait chair ainsi que la
sainte Trinité. Jamais, de mémoire d'homme, la diplomatie n'avait assisté à pareille séance de catéchisme. Il
protesta ensuite à haute voix de l'amour du prochain, et,
pour joindre l'effet à la protestation, il glissa dans le
préambule de la Sainte-Alliance un article spécial en
faveur de l'abolition de l'esclavage. Comment suppo-
ser qu'un souverain, dévoré de tendresse pour la race
nègre, voulût condamner la race blanche à la servitude?

La philanthropie dans la bouche du despotisme
cache toujours une pensée d'oppression. Donc, à une
ligne au-dessous de l'abolition de la traite, l'empereur
Alexandre inséra un contrat d'assurance mutuelle entre
les souverains, contre toute tentative d'affranchisse-
ment et toute demande de constitution; il disait au
temps : « Tu ne marcheras pas, » et à l'homme : « Tu ne
penseras plus. » Il entrait en rébellion ouverte contre la
nature; il étendait l'Europe sur un lit de douleur.

Le congrès de Vienne croyait avoir assuré le repos du
monde à tout jamais; mais à peine avait-il posé la plume
qu'on ne voyait partout que paix inquiète, que guerre
sourde, que révolution, que contre-révolution, que mé-

diation, qu'intervention, qu'opposition du droit avec le fait, le fait vaincu par le droit ou le droit écrasé par le fait, que tiraillement de peuple à peuple ou de peuple à gouvernement; le chaos, en un mot, le trouble à l'état organique, sous la surveillance de la Russie.

L'empereur Alexandre, ce diplomate de l'école de Frédéric, avait voulu au congrès de Vienne, ce festin de rois où l'on servait des peuples à dévorer, avait voulu, dis-je, de dessein prémédité et avec une rouerie enveloppée d'illuminisme, organiser la discorde, la désolation, l'oppression, l'anarchie de l'Europe, en excitant, par une répartition de territoires perfidement calculée, la rivalité de la Prusse contre l'Autriche, de l'Autriche contre l'Italie, du Danemark contre l'Allemagne, de la Belgique contre la Hollande et de toutes les nations contre la France, la grande pestiférée de la révolution.

Ce n'était pas assez de constituer l'Europe sur le pied d'un perpétuel qui-vive; la Russie avait fait encore un *casus belli* d'un simple changement de régime dans un état. Alexandre avait juré, la main posée sur l'Évangile, que si une nation, quelle qu'elle fût, lointaine ou voisine, osait instituer un gouvernement constitutionnel, il la traiterait comme une province révoltée de son empire.

Quatre ans après le congrès de Vienne, une révolution éclate à Naples et y proclame une constitution. Alexandre réunit aussitôt à Laybach les puissances signataires du congrès et, au nom du Verbe fait chair, il somme l'Autriche, comme la première gendarmerie de la Sainte-Alliance, de rétablir le despotisme dans la basse Italie. L'Autriche intervient, et la dynastie de

Bourbon peut désormais tuer, proscrire, emprisonner, et régner en paix sur les bandes déguenillées de saint Janvier.

Au même instant, une révolution affranchit l'Espagne du régime de l'inquisition, l'empereur Alexandre fait un signe à la France, comme à sa seconde maréchaussée, et la France va étouffer sa propre constitution en Espagne. Chacune de nos victoires sur l'Èbre sera une défaite pour notre pays, avait dit Royer-Collard. Après avoir réintégré l'absolutisme à Madrid, la France essuya son épée et la remit au fourreau.

Mais tout à coup, le pontife mystique de la Sainte-Alliance tombe dans une tristesse noire, il languit, il meurt sans qu'on puisse savoir au juste de quelle maladie. Qu'a-t-il donc? A chaque instant il retourne la tête en arrière, comme s'il avait continuellement un fantôme sur ses talons. Mais l'empereur Alexandre pouvait répondre comme Macbeth à l'ombre de Banquo : « Tu ne peux pas dire au moins que c'est moi qui l'ai fait! » Il n'avait pas effectivement assisté en personne à l'assassinat de son père ; il n'avait ni préparé, ni serré le lacet ; pendant toute la durée de l'exécution, il demeura caché dans la coulisse ; mais le lendemain, il régnait et il amnistia l'assassinat.

X

Nicolas monte sur le trône, il y monte dans le sang. De quel droit? Du droit d'un cadet ; son frère Constantin n'était que l'aîné. Il continua la politique d'Alexandre, avec son tempérament propre de capitaine cuirassier.

Mais la France retrouve son inspiration de 89 et chasse sa dynastie de droit divin; la Russie refuse, au premier moment, de reconnaître la révolution de juillet; mais pendant que de part et d'autre on se mesure du regard, le coude appuyé sur le canon du fusil, la révolution de juillet fait contre-coup à Varsovie.

L'empereur Alexandre avait donné, au congrès de Vienne, une constitution à la Pologne; mais ce n'était pour lui qu'une lettre morte; il l'avait donnée, il pouvait la retirer, et il la retirait en effet à l'application. « Un peuple, disait-il naïvement, est lié vis-à-vis du tsar, mais le tsar n'est jamais tenu vis-à-vis de son peuple. » C'est ainsi qu'Alexandre entendait la sainteté du contrat.

La Pologne toutefois faisait mieux que réclamer sa constitution, elle revendiquait sa nationalité. Nicolas répondit à la demande par une armée sous le commandement de Paskévitch. On eût dit le tome second de Souwarow. Après une année de lutte héroïque, la Pologne succomba; Paskévitch prit Varsovie d'assaut. Qui vécut? qui mourut ensuite? Nul n'a pu le savoir, le sang ne crie plus; l'ordre règne à Varsovie!

Lorsque Nicolas eut balayé l'insurrection, il essaya une œuvre jusqu'alors inconnue : l'extermination d'un peuple entier. Souvent, pendant la nuit, le paysan russe, endormi dans sa cahute de sapin, entendait un bruit sourd sur la neige; il entr'ouvrait timidement sa lucarne, et à la lueur des froides étoiles du pôle il entrevoyait une longue file d'ombres qui marchaient vers le Nord sous l'escorte de cosaques ; c'étaient quelques milliers de Polonais que Nicolas transplantait en Sibérie.

Non-seulement cet homme voulait arracher la population du sol, mais encore il voulait arracher la religion de l'âme, et on vit par son ordre, ou tout au moins avec son approbation, des grenadiers de la garde forcer de pauvres religieuses à renier le Dieu de leur enfance à coups de talon de botte sur la figure, puis les traîner par les cheveux sur les dalles et les jeter dans la nuit d'une casemate.

Nicolas jouissait de sa cruauté avec une effrayante candeur. Il aimait son impératrice ; il cultivait l'opéra ; il adorait le ballet, il applaudissait volontiers Taglioni ; quand un voyageur de renom traversait Pétersbourg, il le recevait avec courtoisie, il le fleurissait même d'un bout de ruban. Quant à la Pologne, il n'en était plus question ; un cimetière n'était pas plus tranquille. On entendait bien encore chaque année dans une chambre française une voix monotone répéter : « La Pologne ne périra pas. » Hélas! elle reposait cette fois irrévocablement au fond du tombeau, et sur sa pierre on pouvait écrire : « Le monde appartient au crime. »

XI

A partir de ce moment, Nicolas ne pratiqua qu'une politique : la terreur. Il ne connut en Russie qu'une

nation : l'armée. Que lui importait le reste, pourvu que
le reste payât l'impôt? Du haut de la selle de son cheval,
il avait l'œil sur l'Europe; il donnait la consigne à la
moitié de l'Allemagne. Quand il entendait du bruit dans
un État voisin, il envoyait un aide de camp rétablir le
silence. Il avait l'hydrophobie d'un despote contre la
liberté. A la première nouvelle de la révolution de Février, il tira le sabre : « A cheval! messieurs, » dit-il à
ses généraux. Quand il vit néanmoins l'explosion de
Février secouer toute l'Europe, il remit le sabre au fourreau, et il attendit...

Il joua, en attendant, le rôle de roi des rois, d'Aga-
memnon de l'absolutisme. Il encouragea la réaction
en Allemagne. Il frappa la Hongrie par derrière. Chaque
fois qu'un général étranger en Italie ou ailleurs avait
bombardé une ville ou écrasé une nationalité, Nicolas
lui envoyait par la poste un des soixante-dix ordres
de son empire; Filangieri, Heynau, je ne sais qui encore, tous les héros des villes brûlées et des femmes
fouettées portaient majestueusement sur leurs poitrines
le *satisfecit* impérial de la Russie.

Et pourtant au milieu de la victoire, il éprouvait je ne
sais quelle mystérieuse mélancolie : il trouvait la Mosco-
vie à l'étroit dans l'immensité de son territoire; il aurait
voulu avoir la route de la mer, la route de l'empire du
monde, grâce à la vapeur et à l'hélice; mais la nature
avait enfermé la Russie dans la mer Noire comme dans
une souricière : il voulut corriger cette erreur de géo-
graphie.

« Maintenant, disait-il, je puis tenter la fortune, j'en
ai fini avec la nation polonaise, je l'écoule lentement,

homme par homme, vers une terre d'où l'on ne revient plus, et je l'ai donnée à garder à un geôlier consciencieux, au climat de la Sibérie. Je règne désormais sur un état d'un bloc, où je marche seul la tête haute, et où je n'entends que le bruit de mes éperons. La Pologne est morte; touchez-là plutôt. J'ai le bras libre de ce côté pour frapper un autre coup. L'occasion est bonne; je dois en profiter. Un homme de ma race plane au-dessus du qu'en dira-t-on de l'opinion; d'ailleurs la vieillesse approche avec une insolence démocratique, et je ne veux pas mourir avec une ambition rentrée.

« J'ai un fils cadet du nom de Constantin. Or, comme de Constantin à Constantinople il y a sympathie de nom, je veux envoyer Constantin sur le Bosphore prendre la place du Grand Turc, ce mécréant circoncis digne tout au plus du nom de *monsieur*; car je ne saurais appeler mon frère un homme qui nourrit trente femmes légitimes dans son sérail. L'Europe dort; l'ombre est venue. Voici l'heure, prenons notre épée et marchons. »

Or, en pleine paix, sans déclaration préalable, la Russie envahit tout à coup la Moldavie, non pour faire la guerre au sultan, Dieu la préserve d'une pareille intention! mais simplement pour avoir un gage dans sa main. Et pour mieux assurer son gage, Nicolas force le clergé valaque à prier pour la santé du tsar, et l'administration valaque à verser dans le coffre-fort impérial le revenu de l'impôt. La Russie sait parler, comme on voit, la langue de Carthage et corriger la brutalité du fait par la grâce de l'expression.

Certes, la Russie avait préparé le coup depuis long

temps, et accumulé force sur force à la frontière de la
Turquie, dans l'intime conviction qu'au premier choc
elle écraserait de son poids l'armée du sultan. La victoire cependant traînait en longueur ; la Russie tire
de son reliquaire la vieille gloire septuagénaire du
maréchal Paskévitch. Mais avec toutes ces masses
poussées les unes sur les autres, appelées ici, rappelées
là, avec toutes ses marches, toutes ses contre-marches,
toutes ses jactances et tous ses *Te Deum* par anticipa-
tion, savez-vous ce que la Russie a fait en définitive?

Après avoir solennellement juré à la face du ciel de
ne prendre l'initiative d'aucun acte d'agression, elle
va nuitamment, furtivement, incendier la flotte turque
endormie dans la rade de Sinope, sur la foi de la parole russe, et non-seulement la flotte, mais encore la
ville, tout en ayant soin de ménager le quartier grec
et de glisser ainsi une perfidie dans une barbarie.

Après l'incendie de Sinope, elle appela Dieu à témoin. Dieu lui a répondu à Sébastopol. Nicolas, pris au
piége de son ambition, pousse un cri de rage et tombe
dans la mort.

XII

La Russie, battue à l'Alma, battue à Inkermann, battue
à Traktir, battue enfin partout, avait dû subir l'humi-
liation de raser l'arsenal de Sébastopol et d'écrire à
l'entrée de la rade : « Port marchand. »

Qu'était devenu le soldat de Souwarow? Il était de-

venu ce que devient toujours à la longue le soldat du
despotisme : cela tue, cela meurt, parce que du moment
qu'on porte un fusil on le porte pour tuer ou pour être
tué, mais cela n'a pas de nerf, encore moins d'initiative.

Souwarow avait trouvé sur le sol un reste d'énergie,
il avait exploité ce vieux fonds barbare. Il savait égale-
ment griser le soldat par la victoire et l'eau-de-vie, le
fanatiser au besoin par des signes de croix et des amu-
lettes, mais l'administration vénale de l'autocratie de
Saint-Pétersbourg avait bientôt épuisé toute la séve de
la Russie.

Le cœur, le patriotisme, le respect de soi-même, le
sentiment du devoir, tout ce qui fait l'homme et surtout l'homme invincible, manquait au russe, au tartare,
au cosaque. Le soldat d'un pays libre a plusieurs âmes
en lui; l'âme dé la liberté, de l'instruction, du point
d'honneur. Tant vaut l'âme, tant vaut l'homme, et à
chaque âme de plus, il y a un homme de plus dans le
soldat. Voilà pourquoi la République française a vaincu
l'Europe. On peut sans doute à la rigueur faire d'un
serf pris sur la glèbe un voltigeur ou un grenadier, il
ne faut pour cela qu'un shako et un pompon ; mais on
n'en fera jamais un Latour d'Auvergne, ni même un
zouave.

Il n'y a d'ailleurs en Russie ni probité ni contrôle;
un colonel y vole effrontément sur la vie et la santé du
soldat. La quinine achetée pour l'hôpital passe de fon-
dation dans la toilette de sa femme ou de sa maîtresse.
Il faut à madame ou à mademoiselle tant de cadavres
pour être habillée à la dernière mode de Paris.

La Russie parut comprendre cette vérité après la campagne de Crimée; elle affranchit le servage pour renouveler la matière première de son armée. Mais qu'était-ce qu'affranchir le servage? Il fallait auparavant affranchir l'intelligence du paysan. Or, depuis le commencement du siècle, qu'a-t-on fait pour son instruction?

La politique de la force enseigne le culte de la force; elle déprave l'esprit du peuple, elle dépose en lui un levain de barbarie; l'empereur signe l'ukase d'émancipation et aussitôt la Russie brûle de la Baltique au Dniéper; ce n'est plus seulement l'incendie de Moscou, c'est un Moscou universel. Était-ce une vengeance? Mais de qui et contre qui? Était-ce une conspiration? Mais alors une partie de la Russie avait dû entrer dans le complot.

Que ce fût le serf russe à moitié émancipé qui préludait par la torche à une jacquerie, que ce fût l'ancienne Russie qui semait la terreur à Saint-Pétersbourg pour arrêter le cours de l'émancipation, il n'en était pas moins vrai que de part et d'autre c'était la servitude qui répondait à l'oppression et l'allumette chimique à la poudre à canon.

On raconte, qu'à l'incendie de Saint-Pétersbourg, la flamme prit d'abord à la coupole de je ne sais quel édifice.

« Qui donc a pu mettre le feu là? demandait-on au général de la police.

— Quelque révolutionnaire, répliqua le général.

— Ne voyez-vous pas que c'est le feu du ciel? » dit un vieillard inconnu; et il rentra aussitôt dans la foule comme un fantôme.

Quoi qu'il en soit, Alexandre II porte en ce moment
la peine de l'empereur Nicolas ; il récolte ce que son
père a semé. L'empereur actuel, je n'en doute pas,
voulait réconcilier la Russie avec la civilisation et ap-
privoiser son peuple à la liberté. L'Europe applaudissait à la tentative ; elle avait la naïveté de croire à
l'utopie d'un despotisme libéral ; le despote lui-même
croyait de bonne foi à son propre libéralisme ; mais au
moment où il savourait la mélodie voluptueuse de la
popularité, son lieutenant en Pologne sentit la terre
remuer et entendit passer dans l'air comme le bruit
d'un soupir.

C'était la Pologne, cette morte incorrigible qui ne
veut pas être morte et qui sortait une troisième fois du
tombeau.

On n'en avait donc pas fini avec la victime ! L'empereur en éprouva d'abord un mouvement d'humeur.
Le Pologne ne combattait pas, elle ne faisait que prier.
La Russie proclama la loi martiale contre la prière. Il y
eut un général russe, décoré de tous les ordres russes,
assez courageux pour ordonner à des soldats russes de
fusiller à bout portant des femmes et des enfants à
genoux. On ramassa la chair fraîche, et on donna un
coup de balai sur l'abattoir.

Après ce coup de terreur, un renégat eut l'idée ingé-
nieuse de déporter en masse toute la jeunesse polonaise
sous prétexte de recrutement. On appela cela en Russie
la *branca*. La branca consiste à crocheter une porte
comme un voleur de nuit, à prendre un jeune homme
dans son premier sommeil, et à l'envoyer servir trente
ans dans un régiment, sous cette réserve que si c'est

un régiment polonais, on l'expédiera dans quelque
marais pestiféré de la Mingrélie. C'était trop cette fois;
une insurrection éclata. Voilà encore la Pologne debout.

XIII

Machiavel a menti : il n'y a pas de crime heureux;
il y a le crime, voilà tout. Heureux parfois, oui sans
doute, si vous regardez un quart d'heure; non, si vous
regardez le quart d'heure suivant : le succès, dans ce
cas, dépend de la place de l'aiguille sur le cadran. Le
crime heureux! Y avez-vous réfléchi? Mais si le crime,
c'est-à-dire ce qu'il y a de plus contradictoire à la loi
de l'humanité, pouvait réussir, il n'y aurait plus pour
les hommes qu'à rompre les rangs et qu'à retourner
dans les forêts.

Voici le raisonnement que Machiavel faisait pour dé-
montrer l'excellence de sa théorie.

Il disait : « J'ai bien étudié la nature humaine en moi-
même et en cet autre moi-même appelé mon semblable. Or, après une étude consciencieuse, je dois me
rendre, comme lui rendre cette justice, que nous sommes tous, ou presque tous, des coquins; et quand je dis
presque tous, c'est pure condescendance de ma part au
préjugé de l'honnêteté, car l'honnêteté n'est au fond
que le vice en retard, qui a laissé passer l'occasion fa-
vorable de faire honneur à sa vocation.

« Il y a sans doute, dans cette harmonie générale de corruption, une agréable diversité. Tel est faux, tel est méchant, tel lâche, tel stupide, tel hypocrite, tel féroce, tel envieux : somme toute, un vice par homme et quelquefois le cumul, voilà l'humanité. Vouloir régner par la vertu sur cela, c'est bâtir sur le vent, moins encore, sur le néant. Autant vaudrait donner une bande de loups à gouverner à des moutons.

« Pour régner sur une société vicieuse par essence, je dois donc conformer mon gouvernement à la nature de la société, c'est-à-dire tirer parti de ses vices, prendre les hommes un à un, par leur seule anse saisissable ; corrompre les uns, intimider les autres, amuser les badauds, tromper les niais, et faire payer à tous les frais de la comédie. »

Les hommes sont des coquins? pourrait-on répondre à l'école de Machiavel. Eh bien, soit; j'accepte le fait sur parole. Je veux même renchérir sur votre donnée. J'ai moi aussi mes accès de misanthropie. Je suppose encore les hommes incorrigibles, et j'admets qu'au lieu de chercher à les améliorer, vous avez raison d'exploiter leur perversité, et par cela même de la développer encore. Êtes-vous contents? ai-je assez calomnié l'humanité?

Vous n'en serez pas plus avancés, car vous oubliez précisément la principale donnée du problème.

Il n'y a pas que les individus dans une société, il y a aussi les liens sociaux; et j'appelle liens sociaux les intérêts généraux qui les ont sollicités à vivre en famille et les maintiennent en communauté. Or, tous les individus isolément pris, fussent-ils corrompus jusqu'à la moelle,

leurs liens n'en sont pas moins forcément moraux, par
la raison que les hommes n'ont pu vouloir s'associer que
dans le bien et pour le bien commun. Se réunir pour se
faire du mal serait par trop absurde. Dans une société
fondée sur le principe de l'exploitation de l'un par
l'autre, on pourrait bien consentir à jouer le rôle de
marteau, mais qui voudrait accepter le rôle d'en-
clume?

Par conséquent, la morale est la condition première,
la nature intime de la société. Même, dans une caverne
de brigands, le chef de la bande doit établir une sorte
de justice distributive entre ses associés, pour maintenir
l'association. Par la même raison, dans tout pays civi-
lisé la législation qui n'est autre chose que la recon-
naissance écrite du lien social représente toujours,
d'époque en époque, sinon la notion idéale, du moins la
notion moyenne de justice. Qui donc disait : « Donnez-
moi le peuple le plus corrompu, et apportez-moi ensuite
son Code à lire, et je parierai d'avance que ce Code
renferme un catéchisme complet de morale? »

Que l'école de Machiavel vienne maintenant prendre
à bail les vices des hommes et les mettre dans sa com-
plicité pour régner, le machiavélisme ne fait alliance,
en définitive, qu'avec des individus, des éléments épars;
il ne tient à la main que des grains de poussière. Mais
en violentant les principes de justice, c'est-à-dire les
liens sociaux, les rapports indestructibles des hommes
entre eux, leurs droits et leurs intérêts communs, il a
mis contre lui les forces mêmes de la nature, les lois
divines de la société. Il recommence la guerre des Ti-
tans contre les dieux, il doit succomber dans cette ré-

volte contre le ciel et la terre réunis. La logique le démontre d'avance, et partout l'histoire a confirmé sa parole. Il a parfois possédé la minute; la durée lui a toujours échappé. Il ne pouvait régner à poste fixe qu'en détruisant la société, et alors, comme le lion, il eût régné sur le désert. Le fait est là, et au nom du fait, le seul argument à sa portée, on a toujours le droit de lui jeter à la face l'injure la plus sensible à son amour-propre : « Tu n'as pas réussi. »

Voilà la vérité. Du temps de Machiavel et jusqu'au siècle dernier, la puissance affichait hautement la théorie du crime heureux; on en tirait gloire et vanité; tout au plus le nommait-on par politesse maxime d'État ou bien encore raison d'État; mais depuis lors l'opinion a marché; le monde a l'œil ouvert; le machiavélisme posthume doit invoquer aujourd'hui la morale, tout en voulant la violer et en la violant encore à l'occasion. Il l'invoque, donc il la reconnaît; son hypocrisie prouve sa défaite; il a menti, il est perdu, nous l'avons forcé à mentir !

XIV

Ainsi une nouvelle insurrection vient d'éclater en Pologne; elle n'a ni armes ni cartouches, elle charge l'ennemi avec des faux et des bâtons; c'est la Russie qui lui fournit des fusils, elle les paye en nature; un hommè pour un fusil, ce n'est pas trop cher; des enfants de seize ans marchent la poitrine nue sur l'artillerie, et meurent, en chantant, à la bouche du canon.

.L'armée russe, démoralisée, harassée sur un sol qui la dévore à chaque pas, pille, massacre, éventre, égorge tout ce qu'elle trouve sur son passage; l'âge, le sexe rien n'y. fait, c'est toujours du sang; il faut du sang à la Russie! Ce n'est plus la guerre, c'est une boucherie; le feu achève l'œuvre de carnage; partout où la Russie a passé, il ne reste plus qu'un cadavre ou qu'un tison.

Pendant ce temps-là que fait le roi de Prusse? il fait le métier de rabatteur; il rabat le gibier et la Russie le tue. Il tourne le dos à son peuple pour une question de scolastique constitutionnelle, mais il prend affectueusement la main du marquis Wielopolski; ne la serrez pas trop fort, Sire, car elle suerait le sang par tous les pores.

Et la Pologne, prise entre deux feux, entre la Russie et la Prusse, combat pied à pied... L'Europe regarde et croise les bras, elle admire sans doute la bande héroïque de Langiewicz; mais comme on applaudit une belle tirade dans une tragédie, on parle en Angleterre; en France, on souscrit et on fait de la charpie, voilà tout. Il y a quelque temps Son Excellence monsieur Billault conseillait d'en appeler à la clémence du gouvernement de Varsovie; mais combien faut-il de cadavres pour atteindre à la hauteur de la mansuétude du marquis Wielopolski? Aujourd'hui on change de langage, on n'en appelle plus à la magnanimité du bourreau; on dit : « La question est grave; elle mérite examen. Nous allons en référer à la diplomatie. »

Il faut des diplomates, sans doute, par la même raison qu'il faut des soldats : des diplomates pour empêcher la guerre, et des soldats pour la faire, à défaut d'empêchement. Quand les diplomates manquent d'esprit, les soldats corrigent l'erreur, et quand les soldats ont accompli leur besogne, les diplomates réparent le dommage. Mais si les armées, dans ces derniers temps, ont largement témoigné de leur puissance, en peut-on dire autant des chancelleries?

Comment! une querelle éclate à Jérusalem entre un moine grec et un moine latin pour une porte de chapelle, et une armée russe entre en Turquie sous le prétexte ingénieux d'examiner à loisir le débat.

A la nouvelle de cette invasion, la France fait alliance avec l'Angleterre. Les deux nations envoient leurs escadres dans le Bosphore. Les explications commencent de part et d'autre, la Russie proteste sur l'honneur qu'elle a toujours entendu respecter le territoire de la Turquie. La France, de son côté, fait la même déclaration conjointement avec l'Angleterre.

Il n'y avait donc plus entre l'Orient et l'Occident qu'une question de moines à résoudre en moins de vingt minutes. Les diplomates prennent leur tête à deux mains, écrivent, envoient, renvoient à l'infini des notes, des contre-notes, des *memorandum*, des *ultimatum*, des *ultimatissimum*, et à force de dépêches, de discussions, de distinctions, de réfutations, de répliques, de dupliques, de tripliques, brouillent si bien la matière, que la Russie finit par déclarer que l'Europe doit procéder à des égorgements en masse pour des gloses, pour des points et virgules à mettre ou à ôter

dans des écrits signés et contre-signés autrefois à Kaï-
nardji ou à Unkiar-Skelessi.

Deux armées de cent mille hommes livrent autour de
Sébastopol une bataille d'une année entière, de nuit,
de jour, sur terre, sous terre, au milieu des boues, des
neiges, des pluies, des épidémies, et quand elles tuent,
et quand elles meurent ainsi par toutes les colères du
ciel et tous les raffinements de la stratégie, les diplomates de l'Europe, pris à la fin de scrupules, demandent à ouvrir une parenthèse entre deux canonnades et
à renouer les négociations. Ils tiennent un congrès à
Vienne, discutent sur nouveaux frais, et, après avoir
joué aux propos discordants, je ne sais combien de
jours, ils renvoient au hasard la solution de la paix et
ils lèvent la séance.

Le sang coule de nouveau, Sébastopol disparaît de la
carte comme par une éruption de volcan. La Russie,
revenue enfin de son illusion, consent à traiter. Mais
ce n'est pas la diplomatie, c'est la victoire qui a terminé
la querelle.

Faut-il parler après cela du congrès de Zurich? Les
diplomates, cette fois, vont prendre leur revanche; ils
taillent leur plume, ils cotisent leur génie et ils in-
ventent à frais communs la création originale d'une
monarchie fédérative à six têtes, sous la présidence de
la papauté. Ils associent gravement des princes qui ne
veulent pas être associés, ils nomment un président qui
ne veut pas présider, le tout pour gouverner des peuples
qui ne voulaient être ni gouvernés ni présidés de cette
façon. Garibaldi trancha la difficulté en débarquant à
Marsala. Que reste-t-il aujourd'hui du traité de Zurich?

Un papier toujours écrit, toujours respectable en théorie et soigneusement enfermé dans un carton.

Et c'est à cette diplomatie que vous allez encore faire appel? Mais pendant qu'elle instrumentera autour d'un tapis vert, que deviendra la Pologne?

XV

Est-ce assez pourtant de fusillades, de flammes, de vols, de viols et de mains coupées pour emporter pêle-mêle les doigts et les bagues des victimes? Trouvez-vous que cette pyramide de troncs, de têtes, de Polonaises écartelées ou éventrées monte assez haut sur l'horizon? Qu'attendez-vous alors? Que la Pologne ne soit plus qu'un charnier, et que de vingt ans peut-être on n'y entende plus sonner une cloche et qu'on n'y voie plus monter la fumée d'une ferme au soleil levant?

La France ne sait-elle plus faire la guerre pour une idée? que dis-je! pour l'humanité, et, à défaut de l'humanité, pour elle-même, dans son propre intérêt? car dans cette question polonaise le patriotisme marche d'accord avec le dévouement; oui dans son propre intérêt. Que dit en effet l'histoire depuis quatre-vingts ans? Elle dit que la Russie a toujours porté à la France une haine de nature. C'est contre la France qu'elle a procédé au partage de la Pologne; c'est pour envahir la France qu'elle a expédié Souwarow en Italie. A quoi a-t-il tenu, après le désastre de Novi, que Souwarow ne vînt donner à Marseille une répétition du faubourg de Praga?

A toute époque, et en toute occasion, la Russie a conspiré contre la France. C'est elle qui a inspiré la Sainte-Alliance, de moitié avec madame Krudner; elle encore qui a tenu la révolution de Juillet en quarantaine; elle toujours qui, sachant que la France a la liberté pour alliée dans le monde, a continuellement montré du doigt au monarque assermenté à une constitution cette même constitution à égorger, et l'a poussé par l'épaule, comme Clytemnestre, pour frapper son peuple endormi.

Voyez, cherchez les coups les plus cruels que la France ait reçus depuis quatre-vingts ans; c'est toujours la Russie qui les a portés : tout le sang que nous avons perdu, c'est la Russie qui l'a pris. Je ne parle pas de la Crimée; elle ne nous a coûté après tout que deux cent mille hommes et deux milliards. Si la Pologne avait interposé une barrière entre la Russie et nous, le tsarisme refoulé sur lui-même eût songé peut-être à civiliser son peuple, au lieu de troubler la civilisation de l'Europe.

Qu'attendre de la Russie, si ce n'est la guerre ou bien encore le choléra qu'elle nous envoie de temps à autre, comme son *alter ego?* Cette nation égarée n'appartient pas au système planétaire de l'Europe. Nous autres fils de l'histoire, Français, Anglais, Allemands, Italiens, avec nos différences, ou nos distances de race ou de progrès, nous gravitons dans le même ordre de destinée; nous vivons de la vie de la pensée, de l'industrie du commerce; la guerre n'est pour nous qu'une anomalie et toujours une tristesse. Nous ne la faisons qu'en gémissant et à la dernière extrémité. Quand nous devons payer chaque année un milliard, en comptant l'intérêt de la dette publique, comme prime d'assurance contre une invasion de la Russie, car sans elle qui penserait nous envahir? nous trouvons que c'est là une obligation douloureuse, et nous voudrions pouvoir nous garder à meilleur marché.

Mais la Russie a-t-elle jamais vécu de la vie de la pensée? Quelle part a-t-elle apporté à la science? par quelle découverte a-t-elle payé sa dette à la civilisation? Elle débute à peine à la vie du commerce et de l'industrie; il lui manque à la fois l'instrument et l'agent du travail, le capital et la bourgeoisie. L'histoire a glissé sur elle sans la transformer; ce n'est pas une nation à proprement parler, c'est le musée vivant des civilisations que l'humanité a successivement traversées, depuis la civilisation patriarcale jusqu'à la civilisation féodale; c'est un pèle-mèle enfin, le moyen âge recouvert d'une légère couche de dix-neuvième siècle. Une dame cosaque, après avoir galopé toute la journée, lit la poésie de Lamartine sous une tente de poil de chameau. Un général tartare invite le voyageur européen à dîner dans le steppe et le place à table entre ses deux femmes légitimes. Un Nogaï achète sa fiancée quarante vaches et l'épouse toute voilée, sans l'avoir encore aperçue avant le mariage.

Cette nation asiatique, déclassée dans la civilisation moderne, ne peut avoir de politique intérieure, commerciale ou industrielle; elle ne peut avoir qu'une politique extérieure, la guerre ou la conquête. Aussi, elle

glisse toujours une question de guerre dans un traité,
comme elle coulait la machine de Jacobi dans la Baltique pour faire explosion au premier choc; victorieuse,
ou vaincue, elle poursuit infatigablement la même politique. La défaite n'est qu'une halte pour la Russie. Aujourd'hui comme hier, elle menace Constantinople.

Il faut pourtant remettre cette nation réfractaire à sa
place et en finir avec cette puissance de malheur. C'est
la guerre, dit-on. Eh bien, après? est-ce donc une nou-
veauté? Nous avons bien fait la guerre en Crimée pour
une clef de chapelle; nous l'avons faite en Italie pour
une idée; nous l'avons faite en Syrie pour une croyance,
en Chine pour l'humanité, en Cochinchine pour la civilisation, au Mexique par curiosité, pour y découvrir
la meilleure forme de gouvernement; nous avons cueilli
partout une abondante moisson de lauriers, sans compter
la récolte qui pend encore sur pied à Mexico. Et quand
la France trouve toutes ces causes de guerre réunies
à la fois dans la question polonaise, elle pourrait hésiter? Qui l'arrête? le danger? Ce n'est pas un argument
français.

XVI

Une intervention purement diplomatique, c'est trop
ou trop peu.

J'aime la franchise; je ne dis pas que c'est trop,
parce qu'en nous apitoyant sur la Pologne on la pousse

à la résistance et qu'on prend ainsi la responsabilité du sang versé.

Il n'est donné à personne aujourd'hui d'étendre ou de retenir le mouvement de la Pologne ; c'est l'insurrection du désespoir. Il faut que la Pologne lutte ou qu'elle meure ; et, mort pour mort, plutôt que d'aller finir misérablement sous le knout, ou de la peste, dans quelque recoin perdu de l'Asie, elle aime mieux tomber devant une batterie russe et baiser, au moins une dernière fois, la terre sacré de l'héroïsme.

C'est trop : parce que du moment où la Russie aura la conviction qu'il ne s'agit que de paroles au vent, elle répondra sûrement, comme Nicolas répondait à lord Palmerston : « Vous avez trop parlé de la Pologne ; j'espère que cette fois-ci ce sera la dernière fois. » Le vieil Anglais secoua la tête et fit la sourde oreille. Il faut dans ce monde savoir ménager les refus ; un peuple refusé a toujours perdu quelque chose ; si l'on ne peut rien faire, ou si l'on ne veut rien faire pour la Pologne, il vaut mieux, pendant qu'on l'égorge, ignorer qu'on l'égorge et tourner la tête d'un autre côté.

C'est trop peu : car si votre sang bout comme le nôtre à la vue des atrocités de la Russie, croyez-vous les arrêter avec une dépêche élégamment tournée sur une feuille de papier ministre ? Gortchacoff lira sûrement votre réclamation avec toute la déférence conquise et acquise à un gouvernement qu'il estime d'une façon particulière depuis la campagne de Crimée.

Mais il vous répondra poliment : « La Pologne appartient à la Russie ; que ce soit un bien ou un mal, peu importe ! c'est un fait, et un fait consacré par les traités

de 1815. La république de 1848 les avait abolis, mais
vous les avez restaurés au congrès de Paris. Eh bien,
pour vous comme pour moi, la Pologne m'appartient,
j'ai le droit de la gouverner, je la gouverne; elle proteste à main armée; je fais ce que vous feriez à ma
place, je réprime l'insurrection. Il y a des mauvais
sujets en Pologne, des anarchistes, des révolutionnaires,
des communistes, etc., etc. Je les proscris, qu'avez-vous
à dire? Est-ce que l'ordre ne passe pas avant le droit
dans ce monde? Je pourrais les chasser de Pologne, les
envoyer mendier à l'étranger par mesure de salut pu-
blic; et par mesure d'humanité, au contraire, je les
incorpore dans mes régiments, je les nourris à mes
frais, et vous vous plaignez! de quoi donc? De ce que
je débarrasse le sol polonais de vingt mille brouillons
pour assurer le repos de quatre millions d'honnêtes
sujets qui ne demandent pas mieux que de manger et
de mourir tranquilles? Vingt mille d'un côté, quatre
millions de l'autre, vous ne savez donc pas compter? »

Voilà, je n'en doute pas, ce que la Russie vous répondra en termes plus ou moins voilés. Que répli-
querez-vous à votre tour? Passerez-vous condamnation?
Quand l'opinion unanime de l'Europe, moins le roi de
Prusse et son ombre Bismark, met en ce moment la
politique cosaque au ban de l'humanité, laisserez-vous
dire qu'il y a dans ce monde brigandage et brigandage?
Que Dumolard accoste à la brune une pauvre villa-
geoise affligée d'une candeur invétérée, qu'il l'entraîne
sur la bruyère, qu'il la force et qu'il la tue, Dumolard
doit porter la peine de son crime, de ses crimes accu-
mulés, parce qu'en définitive il les a commis en vareuse

et en sabots ; mais que ces mêmes crimes, un autre homme
les commette, non pas sur cinq ou six servantes naïves,
mais sur des milliers de Polonaises, tenues à quatre
membres, au milieu des jurons et des ordures des trou-
piers grisés d'eau-de-vie de grain, cet homme n'en
doit répondre devant aucune justice, parce qu'il porte
un nom de général et un habit galonné, qu'il boit du
vin de champagne à son dîner et qu'il verse le sang
d'une main gantée.

Non, à coup sûr ; ce serait vous calomnier que
de vous prêter un semblable langage. L'indignation
que nous éprouvons, vous l'éprouvez. Mais vous avez
cet avantage sur nous, que votre indignation ne peut
être qu'une réparation. J'ai donc la conviction qu'à
l'appui de la note polie que vous enverrez à Pétersbourg, — je dis polie à dessein, car plus on a le droit
de son côté, plus aussi on doit y mettre de procédé, —
j'ai donc la persuasion que vous enverrez la note la
plus concluante en diplomatie, une note armée, c'est-
à-dire un corps d'observation en Alsace.

XVII

Mais sur quelle base traiter avec la Russie ? Sur la
base de 1815, c'est-à-dire d'une Pologne impossible,
dépendante à la fois et indépendante de la Russie, d'une
Pologne constitutionnelle sous la domination d'un despote ? A quoi bon ? La preuve est faite. Alexandre, pre-

mier du nom, avait donné une constitution à la Pologne,
mais la Pologne, libre à longueur de chaîne, n'était
sous la patte impériale qu'une proie vivante avec laquelle
Sa Majesté daigna jouer un moment, jusqu'à ce qu'il
lui plût de l'étrangler. Alexandre avait tué son père, il
pouvait bien tuer sa fille.

Pas de replâtrage; autrement la même cause ramè-
nera toujours le même effet. La Russie n'a pu assimiler
ni désarmer la Pologne; elle ne peut donc pas plus la
posséder que la gouverner. La Pologne ne peut être
qu'une nation réintégrée dans la famille de l'Europe, ou
qu'une cause perpétuelle de désordre. L'expérience d'un
siècle le dit; et si cette preuve ne suffit pas, attendons
encore, laissons fusiller; mais ce que nous ne ferons
pas aujourd'hui, il faudra bien le faire un autre jour.

La Pologne ne périra pas, elle ne peut pas périr. J'ose
le dire la main levée, quoi qu'il arrive : ce que nous
voyons aujourd'hui, ce n'est pas une insurrection, c'est
une résurrection.

La Russie pourra refouler Langiewicz sur le territoire
autrichien; elle pourra disperser ou détruire toutes les
colonnes de faucheurs; elle pourra fumer le sol de cadavres à trois pieds de profondeur, que la Pologne n'en
a pas moins conquis son indépendance du fait même
de sa dernière révolution; elle a forcé la Russie à dire
son nom, et son nom c'est la sauvagerie habillée à l'eu-
ropéenne.

Les marquis de l'ancien régime, en livrée du nouveau, ont vraiment bonne grâce à venir déclamer contre
la révolution! Mais sans la révolution il n'y aurait plus
de nation en Pologne; il n'y aurait que de l'espace, et

çà et là, au milieu d'une lande, un groupe de cahutes, où un pope barbu, rongé de vermine, enseignerait le catéchisme en langue russe à ce qui était autrefois l'avant-garde de la chrétienté contre la Turquie.

Un évêque, je crois, a parlé de vautours; mais où sont les vautours aujourd'hui? Sont-ils, dites-le moi, monseigneur, parmi ces hommes de cœur qui, pour servir la cause sacrée de la liberté dans le monde, marchent la poitrine au vent et mettent leur tête en gage dans le combat? Vous conviendrez du moins que ceux-là payent de leur personne, qu'ils donnent vie contre vie, et qu'en luttant sans armes, et sans organisation, contre une armée organisée et approvisionnée, ils font au moins preuve de. bravoure. Quand ils ont vaincu, ils tendent la main à leurs adversaires et les associent à leur victoire. Pourriez-vous me citer, monseigneur, une cruauté de Lamartine après la révolution de février, ou de Garibaldi après la conquête de Sicile? Qui ont-ils proscrit? qui ont-ils fusillé?

Ne changeons pas les rôles! Les vautours, monseigneur, mâles ou femelles, ce sont les Nicolas, les Catherine, qui, du fond de leur palais, tranquillement, voluptueusement, au milieu des violons, des fleurs, des danses, des tableaux vivants de femmes nues, ou à peu près nues, disent à un peuple de mourir, puis attendent que la mort ait fait son œuvre pour fondre sur leur proie et pour la dévorer sans danger. La victoire n'éteint pas même leur fureur; vainqueurs, ils tuent et ils proscrivent encore. Ah! si les neiges de la Sibérie pouvaient parler!...

Mais entre la révolution et le despotisme il n'y a plus

à discuter ; le dix-neuvième siècle, ce liquidateur universel du passé, vient de convaincre encore une fois de
plus le crime d'impuissance : le crime ne peut régner.

Il y avait au commencement du siècle un écrivain
qui, par haine de la révolution, était allé chercher en
Russie son genre de talent. Sous ce ciel âpre et sur cette
terre sinistre du parricide ou de l'infanticide de palais,
il sentit comme une inspiration du sol, le *genius loci*,
monter à son cerveau, et là, le front baigné dans la vapeur du meurtre, à la lueur glacée du pôle, il rédigea,
le sourire sur la lèvre, la théorie de l'aigle à deux têtes,
le despote et le bourreau. *Le supplice supplie*, ose-t-il
dire. Ainsi, la meilleure manière de prier, c'est de jeter
à Dieu une tête coupée.

Est-ce que la théorie de De Maistre aurait repris faveur ? En écoutant certaine parole, j'ai senti tomber sur
mon front comme une goutte de sang. Veut-on nous
ramener par le chemin de l'Évangile au culte du dieu
Teutatès, et tremper un buis bénit dans la rosée du
sacrifice pour le secouer sur la multitude ? Qu'on le
dise ; car entre la révolution et le bourreau, pas de milieu : il faut choisir.

PARIS. — IMPRIMERIE DE J. CLAYE, RUE SAINT-BENOÎT, 7.